Allons aux pommes!

Texte de Megan Faulkner

Photographies d'Adam Krawesky

Texte français de Louise Prévost-Bicego

Éditions Scholastic

Pour ma mère et mon père, des parents formidables,
et pour Maddie et Max – les prunelles de mes yeux.
— M.F.

Un merci bien spécial à Flora-Jane Hartford et à ses élèves de la Halton Waldorf School,
Allison, Ashanté, Catiyana, Helene, Jackson et Jorren, pour leur enthousiasme et leurs beaux sourires!
Nous remercions aussi leurs familles, en particulier Sydney, Maralyn et Colleen, pour leur aide et leur patience.
Merci à Sara Fayle de nous avoir permis de gaver ses enfants de chocolat avant le souper.
Pour les photos printanières, nous tenons à remercier Puddicombe Farms de nous avoir donné accès à son verger.
Nous sommes aussi reconnaissants aux membres du personnel de Chudleigh's de nous avoir aidés avec tant de
gentillesse et de nous avoir donné accès à leur fabuleuse pommeraie. Merci également à Jane et à Dave,
nos excellents guides! L'auteure tient aussi à remercier George W. Bassel, aspirant au doctorat,
du Département de la botanique à l'université de Guelph, pour ses conseils enthousiastes.

P. 3 : Une pomme après la pluie © A.G.E. Foto Stock/Firstlight.
P. 4 : Une pommeraie sous la neige © Index Stock/Fotosearch.
P. 5 : Des bourgeons couverts de givre © Soda/Scholastic Inc.
P. 8 : Des pommiers en fleurs © Photodisc/Fotosearch.
P. 9 : Des ovaires de pommes © Soda/Scholastic Inc.
P. 17 : Un lapin © Paul S. Wells WildernessShare.com.
P. 27 : John McIntosh, gracieuseté de la Ontario Agricultural Hall of Fame Association,
située au Country Heritage Park, à Milton, en Ontario.
Pp. 26 et 30 : « Chas » © Jennifer MacKinnon et Paul Hoffman.

Catalogage avant publication de Bibliothèque et Archives Canada
Faulkner, Megan
Allons aux pommes! / Megan Faulkner ; photographies d'Adam
Krawesky ; texte français de Louise Prévost-Bicego.
Traduction de: A day at the apple orchard.
ISBN 0-439-95714-1
1. Pommes—Ouvrages pour la jeunesse.
2. Vergers—Ouvrages pour la jeunesse. I. Krawesky, Adam II. Prévost-Bicego, Louise
III. Titre.
SB363.F3914 2005   j634'.11   C2004-906709-5

Édition publiée par les Éditions Scholastic,
175 Hillmount Road, Markham (Ontario) L6C 1Z7 CANADA.

6 5 4 3 2 1   Imprimé au Canada   05 06 07 08

C'est une belle journée au début de l'automne. Allons aux pommes!

Avant de nous rendre à la pommeraie,
nous apprenons comment poussent les pommes.

Il faut des mois à la
pomme pour croître
et mûrir.

Comme tous les végétaux,
la pomme a besoin de pluie et
de soleil en bonnes quantités
pour être en santé.

La vie d'une pomme débute au printemps. L'hiver, le pommier arrête de pousser et de se transformer. Il est en période de dormance.

Le temps doux réveille le pommier, qui commence un nouveau cycle de croissance.

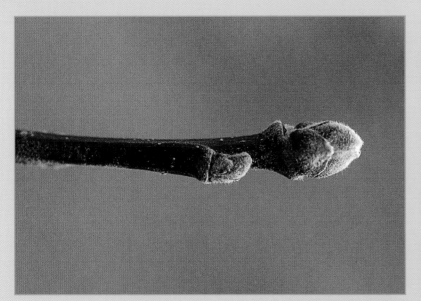

Les petits bourgeons éclatent et il en sort des feuilles.

Puis apparaissent de jolies fleurs roses ou blanches à cinq pétales.

5

Les pomiculteurs placent des ruches dans la pommeraie.

Quand une abeille se pose sur une fleur de pommier, elle boit le nectar sucré. De minuscules grains de pollen collent à ses pattes.

À mesure que l'abeille butine, le pollen qu'elle transporte féconde les fleurs.

C'est ce qu'on appelle la pollinisation.

À la fin du printemps, les fleurs des pommiers perdent leurs pétales.

Des ovaires se forment sur les branches. Ils deviendront des pommes.

Les pommes grossissent tout au long de l'été.

À l'approche de l'automne, les pommes commencent à mûrir.

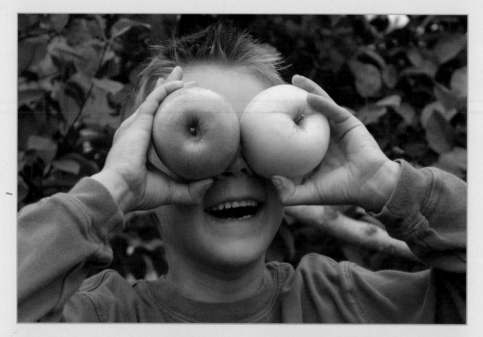

Certaines variétés de pommes, comme la Granny Smith, restent vertes. D'autres, comme la Golden Delicious, jaunissent.

En fin d'été ou en début d'automne, les pommes sont bien mûres.

C'est le temps de la récolte!

Paniers en mains, nous montons dans une voiture tirée par un tracteur.

Le tracteur nous conduit à la pommeraie.
Aujourd'hui, nous cueillons des pommes
Empire parce qu'elles sont les plus mûres.

Avant de commencer, nous apprenons
à bien cueillir une pomme.

Au lieu de l'arracher de l'arbre, il
faut en tourner l'œil (le dessous)
vers le ciel et tirer doucement.
On évite ainsi d'endommager
le bourgeon pour l'an prochain.

La cueillette peut commencer!

Les pommes s'abîment facilement,
alors nous les déposons doucement dans le panier.

En cueillant, nous voyons des treillis de métal au bas des pommiers. Nous ne sommes pas les seuls à aimer les pommes!

Les pomiculteurs doivent protéger leurs pommiers contre l'appétit vorace des lapins, des rongeurs et des insectes, par exemple.

Nos paniers sont pleins! Il est temps de retourner à la ferme!

Quel plaisir de croquer une belle pomme! C'est délicieux!

Nous apprenons à faire du jus et du cidre de pommes à l'ancienne, avec un pressoir à main.

On met d'abord des pommes dans le pressoir.

Puis on tourne la manivelle.

Le cidre sort par le bas.

C'est le temps de la dégustation!

Quelle leçon amusante sur les pommes!

Nous reviendrons l'an prochain!

Fascinantes, ces pommes!

- Chaque Canadien mange en moyenne 86 pommes par année.

- La pomme appartient à la même famille que la rose.

- Il vaut mieux ne pas peler la pomme, car c'est sa pelure qui contient le plus de vitamines.

- Il est plus facile de meurtrir une pomme que de casser un œuf.

- L'étude de la culture des pommes s'appelle la pomologie.

- Les pommettes, qui poussent à l'état sauvage, sont habituellement très aigres et ne sont pas bonnes à manger.

- La pomme est la principale culture des fruits de verger au Canada.

Il existe plus de 7000 variétés de pommes dans le monde, dont une centaine seulement sont cultivées en Amérique du Nord. Les pommes McIntosh, Red Delicious, Spartan, Empire, Ida Red et Cortland ne sont que quelques-unes des variétés que l'on cultive au Canada.

25

Au cœur de la pomme

Pourquoi une pomme brunit-elle quand on la croque?

Quand on rompt la peau d'une pomme, l'oxygène présent dans l'air pénètre dans la pomme et réagit avec les cellules de sa chair, les faisant brunir. On appelle ce processus l'oxydation. Un quartier de pomme fraîchement coupé que l'on trempe dans du jus de citron ne brunit pas, car la vitamine C dans le jus de citron a un effet antioxydant.

Savais-tu que la pomme émet un gaz?

La pomme produit de l'éthylène, un gaz qui la fait mûrir. Si la pomme est dans un sac en plastique, le gaz ne peut pas s'échapper et il la fait mûrir plus vite.

Les grands avantages des petits pommiers

Les pomiculteurs préfèrent les pommiers nains à ceux de taille standard, parce qu'ils se prêtent mieux à la cueillette

sans échelle et sont plus faciles à tailler. On peut aussi en planter davantage dans chaque hectare de terrain.

Les pommes au Canada

La pomme est arrivée au Canada il y a environ 400 ans.
Des colons français l'ont introduite en Nouvelle-Écosse.
Dès 1850, on trouvait des pommiers au Québec, en Ontario,
dans les Prairies et en Colombie-Britannique.

Portrait de John McIntosh

La pomme la plus célèbre au Canada est la McIntosh.
Elle a été découverte en 1796 par John McIntosh, dans
le comté de Dundas, en Ontario. En défrichant des terres,
M. McIntosh a trouvé des pommiers qu'il a transplantés dans le
verger familial. Dès 1811, la pomme rouge, sucrée et croquante,
qu'on appelait "granny" était en demande dans l'entourage des
McIntosh. En 1835, un homme engagé à la ferme McIntosh a
montré à Allen, le fils de John, comment propager ce pommier
et produire plus de pommes McIntosh.

Dès lors, la famille McIntosh s'est consacrée à la production et
à la vente de cette pomme distinctive. De nos jours, on trouve la
pomme McIntosh un peu partout dans les vergers du Canada et
des États-Unis, et on en expédie partout dans le monde. Chaque
pommier McIntosh tire son origine du pommier découvert jadis
dans le comté de Dundas.

Pommes enrobées de chocolat

Voici un petit régal que tu peux préparer chez toi avec des pommes.
Il te faudra peut-être demander l'aide d'un adulte.

- 6 pommes de taille moyenne, froides
- 6 bâtonnets en bois
- 500 g de chocolat mi-sucré, coupé en gros morceaux
- 250 ml de garniture telle que : pépites de caramel, pépites de chocolat, bonbons, noix, ou toute autre garniture à ton goût!

1. Enlève la queue des pommes en la tordant.

2. Insère un bâtonnet dans le cœur des pommes, sans les transpercer complètement.

3. Mets le chocolat dans un bol et fais-le fondre lentement au four à micro-ondes, pendant 2 minutes, à intensité moyenne. N'oublie pas de brasser à la mi-temps. Le chocolat doit être lisse et chaud, mais non brûlant.

4. Trempe chaque pomme dans le chocolat. Veille à bien enrober toute la pomme. Il est normal qu'une petite partie de l'enrobage retombe dans le bol.

5. Mets la garniture dans une assiette. Sers-toi de tes doigts ou d'une cuillère pour couvrir la pomme de la garniture. Tourne la pomme au moyen du bâtonnet pour bien la garnir.

6. Pose les pommes enrobées sur une plaque à biscuits recouverte de papier ciré.

7. Réfrigère jusqu'à ce que le chocolat ait durci.

8. Régale-toi!

Notes :

Page 3 – Le rôle du soleil

Les pomiculteurs taillent leurs pommiers de façon que le soleil puisse atteindre les fruits. Le soleil aide la pomme à produire du sucre. Certaines variétés, comme la McIntosh, deviennent ainsi plus rouges et plus sucrées. Comme seule la moitié du fruit reçoit habituellement du soleil, cette moitié rougit, alors que l'autre reste verte. La partie rouge de la pomme contient plus de sucre. Alors, si tu partages une McIntosh avec quelqu'un, il faudra aussi partager la partie rouge!

Page 7 – La pollinisation

Quand les abeilles butinent les fleurs de la pommeraie, elles recueillent des grains de pollen sur leurs pattes. Chaque fois qu'elles se posent sur une nouvelle fleur, leurs pattes frôlent le pistil du centre de la fleur et y laissent du pollen. C'est ce qui féconde la fleur et permet de produire un fruit. Le pollen doit provenir d'un pommier d'une autre variété pour que les fleurs donnent des fruits.

Page 17 – Les ennemis

Garder les pommiers en santé et à l'abri de leurs ennemis est un travail qu'il faut faire à longueur d'année. En hiver, des rongeurs vont parfois creuser sous la neige et gruger les arbres. Les pomiculteurs protègent la base des pommiers avec des treillis métalliques. Autrement, les rongeurs risqueraient de gruger l'écorce et de couper l'arbre de ses racines. S'il était incapable de faire parvenir de la matière nutritive aux branches à partir de ses racines, le pommier mourrait.

Durant la saison de croissance, il faut inspecter les pommiers pour repérer les maladies telles que la tavelure du pommier, l'oïdium du pommier, la brûlure bactérienne et la rouille de Virginie. Les insectes peuvent aussi poser un danger pour les pommiers. Les vers, chenilles et pucerons, ainsi que de nombreuses autres créatures voraces peuvent ravager une pommeraie. Mais les insectes ne sont pas tous nuisibles. Les coccinelles, les coléoptères, les chrysopes et les syrphes se nourrissent des insectes qui mangent les pommiers. Et nous connaissons déjà l'utilité des abeilles!